Au menu :

Le KIT de "débrouillardise" en chinois mandarin : 120 mots et expressions, 6 semaines pour les maîtriser et les mémoriser…

La CRAMPE du CHINOIS

Commencez votre apprentissage du chinois dès aujourd'hui

Par Cédric Beau
Crampe Productions

Copyright

Première Edition le 18 août 2014.

Dépôt légal v1-2014 © 00050968-3
Déposé le vingt-sept juillet 2014
ISBN 978-1-326-17832-1

Cramp Prod Ltd.
Hong Kong
1791546

Introduction

Tout a commencé par une passion pour l'Asie. Puis un premier voyage en Chine pour découvrir la langue. Forcé d'apprendre le chinois en anglais, mais pas démotivé pour autant, je me mettais au travail…

Anglais, allemand, latin, chinois, japonais, les langues commencèrent à s'accumuler. La passion pour la découverte de nouvelles langues se développa. Je me surprenais alors à regarder les spécificités du russe, ou encore toucher un peu au tagalog (la langue parlée aux Philippines), puis acquérir quelques bases d'espagnol,…

Les langues font désormais partie de mon quotidien.

Ce que je vous propose aujourd'hui, ce n'est pas d'apprendre le chinois comme à l'école. Mais plutôt de découvrir cette langue comme je découvre moi même de nouvelles langues : de manière amusante, facile, sans prise de tête, et surtout… utile.

Libre à vous, une fois que vous saurez parler vos premiers mots, d'aller plus loin dans le mandarin standard (le « chinois »)… ou d'attaquer tout de suite une nouvelle langue!

Avant de vous parler du contenu de ce kit, laissez-moi me présenter, et surtout vous dire pourquoi je me permets aujourd'hui de vous présenter cette méthode.

Cédric Beau, c'est qui ce gars ?

...et puis « Crampe », drôle de nom pour une méthode de langue, n'est-ce pas ?

Je vous parlais de mon voyage en Chine. En fait j'en ai fait un paquet. De Shanghai à Guiyang, en passant par Hong Kong et Pékin, Nanjing et Xiamen... J'ai passé environ 5 ans en Chine sur les 8 dernières années.

Et le but premier de ces voyages, c'était l'apprentissage du chinois.

Je me suis heurté à toutes les difficultés que vous devez rencontrer aujourd'hui : *comment diable lire ces symboles bizarres ? Qu'est-ce que c'est que cette prononciation tordue ? Et en plus il y a des tons ? Et puis c'est quoi un ton ?*[1]

---

[1] Le ton est un changement de hauteur (graves/aigus) de prononciation pour une même syllabe. Ça fait peur, mais avec une petite astuce on peut maîtriser la chose en moins de 5 minutes :)

J'aime les défis, et surtout j'aime trouver des solutions. Plutôt que de continuer à lutter *contre* le chinois, j'ai cherché une méthode pour chaque difficulté rencontrée. Je me suis mis à étudier l'étymologie des caractères pour mieux les mémoriser, ou encore à trouver des astuces pour la prononciation.

Ces recherches associées à deux ans en tant qu'enseignant et jury de Baccalauréat pour le ministère de l'Éducation nationale française, j'ai mis au point ma propre méthode. La méthode Crampe (qui résume le but initial de la chose : des **c**aractères **r**apidement, **a**pprendre à les **m**émoriser, et avoir une **p**rononciation **e**fficace[2])

C'est là que tout à (vraiment) commencé...

J'ai mis mes recherches et ma méthode en ligne, sur mes « vieux » blogs, et deux ans plus tard ce sont des dizaines de milliers de personnes qui partagent ensemble leur passion des langues (et notamment du chinois) au quotidien[3].

---

[2] J'ai même déposé le concept, c'est pour dire !

[3] A l'heure* où ces lignes sont écrites, c'est tout de même 24 963 abonnés à la newsletter, et 30 797 fans sur facebook. Je salue en passant chacune de ces personnes, et toutes les nouvelles à venir !

*Il est 23h03 ;)

Rien de plus motivant, n'est-ce pas, qu'une communauté de personnes comme vous qui cherchent des astuces pour assouvir leur passion...

Et, toujours dans cette notion de partage, je suis tombé sur un article du Telegraph (célèbre journal britannique) d'Anne Merritt[4] exposant les recherches du Dr Norbert Schmitt, de l'université de Nottingham. Un tel secret -dont je vais vous expliquer le concept- étant révélé, il me fallait le partager.

Et surtout...

Le mettre en pratique !

Parce que la théorie, c'est bien. Mais la pratique, c'est mieux.

J'en avais initialement fait une petite fiche -sur la théorie- partagée aux abonnés de mon blog. Sauf que contre toute attente, et en seulement quelques jours, elle a été téléchargé des centaines de fois ! Je ne pouvais pas ne pas aller plus loin...

C'est ainsi qu'est né ce livre.

Mais revenons sur ce fameux *secret* :

---

[4] Que je salue aussi, et remercie beaucoup beaucoup.

Ce secret ? C'est la méthode qu'utilise ce kit pour se « débrouiller » dans une langue en seulement 6 semaines (en bossant 15mn par jour seulement. On peut faire nettement plus rapide, j'ai notamment fait le test sur l'espagnol).

Avant de vous expliquer la méthode en détail, il faut donc que vous compreniez bien ce que ce kit « est », et surtout... ce qu'il n'est pas.

Ce que ce “kit” n’est pas :

Les termes et expressions que vous allez découvrir dans les pages de ce petit guide ne sont pas issus d’un “guide de conversation”.

Ce n’est pas le genre de petit livre que l’on sort à chaque fois que l’on veut trouver une phrase, et qu’on lit à son interlocuteur.

Non, c’est une base que vous allez pouvoir apprendre par cœur (et sans grands efforts, on en reparle dans le chapitre suivant). Vous allez VRAIMENT parler chinois.

Cette base vous aidera dans bien des situations, mais elle sera aussi un support pour comprendre “comment fonctionne” la langue chinoise.

Après cet apprentissage de 6 semaines, vous allez pouvoir vous surprendre lorsque vous saluerez vos amis chinois dans leur langue maternelle. Vous allez aussi vous étonner lorsque, à partir du matériel proposé, vous créerez vous même vos propres phrases. Et surtout, je l'espère, vous aurez envie d'en savoir plus[5].

De mon expérience, il existe deux grandes difficultés lorsque l'on apprend une langue. La première est tout simplement de *se lancer.*

Lao Tseu, dans sa grande sagesse, le disait très bien :

«Un voyage d'un millier de kilomètres commence avec le premier pas »[6]

Ce premier pas, vous le faites avec ce kit. Ce kit que vous avez aujourd'hui dans les mains, qu'il soit en papier, ou dans votre liseuse, sur votre smartphone...

La seconde difficulté?

---

[5] Et c'est là qu'on attaquera l'étude des caractères, que l'on boostera votre prononciation, et que vous deviendrez un gars (ou une fille) super méga balèze en langues aux yeux de votre entourage ;)

[6] 老子 *(Lao Zi)* dans le 道德经 *(Dao De Jing)* souvent transcrit en français *Tao Tö King (Livre de la Voie et de la Vertu)*

Persévérer, garder la motivation, continuer au quotidien à enrichir son vocabulaire.

Cette seconde difficulté, eh bien c'est la seconde. Et puisqu'elle vient ensuite, je ne vous en reparlerai que dans la conclusion de ce petit guide.

Ce kit n'est pas pour vous :

Si vous recherchez un livre qui vous permettra de maîtriser TOUTES les règles de structure, tous les termes de vocabulaire, et tous les aléas de la prononciation, pour pouvoir ENSUITE seulement commencer à prononcer vos premiers mots, alors vous n'êtes pas au bon endroit.

Vous pouvez refermer ce livre, le reposer sur l'étagère de votre libraire (ou fermer la prévisualisation Kindle) et passer votre chemin.

Le but d'une langue, à mon humble avis, est de pouvoir l'utiliser pour échanger avec des natifs. Votre prononciation ne sera pas parfaite dans 6 semaines, et vous confondrez peut-être certains termes...

Mais vous serez déjà capable de "parler chinois".

Par contre, si vous êtes curieux, si vous êtes intéressé, que vous aimez aller vers l'autre et découvrir sa langue et sa culture. Si vous prévoyez de voyager en Chine, si vous avez parfois croisé un Chinois et que vous vous êtes demandé "mais au fait, est-ce si difficile, le *chinois*?", si vous pensez que vous n'avez pas le don des langues et que vous voulez vous surprendre par un challenge pas comme les autres…

Alors vous avez frappé à la bonne porte.

Et vous allez pouvoir commencer à relever le défi dès le premier chapitre.

Mais avant cela, laissez-moi vous expliquer en quelques mots "comment" je découvre une nouvelle langue…

Cédric Beau.
Enseignant, Formateur, Auteur

Comment “marche” ce “kit” ?

Lorsque l’on se met à l’apprentissage d’une langue, la plupart d’entre nous font face au même constat :

“Je n’ai pas de mémoire, je n’ai pas le don des langues, j’abandonne. Oui je sais, je n’ai pas commencé, mais c’est perdu d’avance!”

Apprendre du nouveau vocabulaire peut être une tâche ardue, surtout pour les étudiants et adultes qui ont déjà l’esprit bien occupé par le travail, la famille, et toutes les autres responsabilités de notre époque.

Bonne nouvelle : les linguistes nous disent qu’avec une base de 120 mots et expressions, il est possible d’atteindre un premier palier de “débrouillardise” dans n’importe quelle langue. Et ils nous disent aussi qu’avec méthode, nous pouvons apprendre de 10 à 20 termes par heure de travail (avec méthode on a dit, hein ;))

À raison de 15 minutes par jour, 6 semaines suffiraient alors pour se “débrouiller” dans une langue. Comme par exemple indiquer une direction au chauffeur de taxi, donner son numéro de téléphone, ou encore négocier une nouvelle paire de basket au marché…

Avant que vous décidiez d'abandonner, vous pouvez donc vous rendre compte que "c'est possible"! Cet objectif n'est pas extravagant, il est atteignable, et c'est ce niveau-là que vous aurez lorsque vous aurez consommé ce kit.

Mais comment ça marche?

Vous pouvez passer tout de suite à la section suivante si vous me faites confiance pour la méthode et que vous n'avez qu'une hâte… commencer.

Sinon, voici le concept en 8 étapes :

Un objectif atteignable

Le premier élément clé pour rester motivé et réellement progresser, c'est de se fixer un objectif atteignable, ce que nous venons de faire. Si vous regardez tous les "guides de conversation" actuellement en vente sur le marché, ils contiennent généralement des centaines (voir des milliers!) de termes et expressions.

Non seulement vous n'avez besoin que de 10% (ou moins!) d'entre eux pour vraiment "vous débrouiller", mais en plus avec ce genre de guides, vous êtes obligé de toujours avoir un bouquin sur vous (ou dans votre smartphone / liseuse) car vous n'en retiendrez qu'une infime partie.

D'ailleurs, pour ce qui est de la mémorisation, ils ne donnent bien souvent aucun conseil. Vous avez les termes, nous avons votre argent, maintenant, débrouillez-vous !

Imaginez la tête de votre interlocuteur lorsque vous devrez feuilleter votre livret à chaque fois que vous voulez dire quelque chose, alors qu'avec une base intelligente, vous pourriez produire directement des phrases et exprimer votre besoin!

Et puis, des milliers de phrases, honnêtement, qui se donne la peine de tout fouiller pour trouver ce qu'il a à dire ?

Il est tellement plus facile désormais de faire une recherche Google sur son iPhone en 3g, et d'obtenir à la fois la transcription en chinois, mais aussi la synthèse vocale!

Aujourd'hui, avec ce kit que je vous propose, c'est VOUS qui allez parler chinois.

Un apprentissage “intelligent”

Le second élément le plus important, c’est d’apprendre de manière optimisée pour notre cerveau. Beaucoup de méthodes proposent des termes et expressions “en vrac”, mais le saviez-vous…

Le cerveau déteste le désordre.

Il faut se concentrer sur une thématique à la fois, votre matière grise groupera automatiquement les éléments de la même famille ensemble (“l’association”). En procédant de la sorte, vous lui facilitez la tâche.

C’est donc sur cette logique de “thématique” que sera organisé ce kit.

L’association a tout de même sa limite avec les *contraires* (les antonymes). Il pourrait sembler logique d’apprendre ensemble les termes contraires comme “chaud”/“froid”, mais ce n’est en fait pas le cas.

En effet, lorsque le cerveau apprend des mots TROP proches l’un de l’autre, il aura tendance à les mélanger. En d’autres termes, il va prendre les antonymes pour des synonymes (le fourbe!)!

Les termes contraires seront donc évoqués à la fin de chaque thématique, et je vous recommande de les apprendre une fois le guide terminé uniquement.

Le "décorticage" des nouveaux mots

Chaque nouveau terme ou expression sera "décortiquée" en plusieurs éléments : les caractères chinois, le pinyin (transcription officielle chinoise), le français (ma transcription personnelle des idées évoquées) et la prononciation "à la française" (ma transcription personnelle là aussi).

Si vous n'avez peut-être pas l'envie d'apprendre les caractères dans un premier temps, je pense que les guides de chinois qui ne présentent pas les sinogrammes sont un peu décevants.

L'écriture en caractères est en effet la seule écriture officielle en Chine. Le chinois étant par ailleurs une langue pleine d'homophones (de termes qui se prononcent de la même façon), avoir une base de caractères et s'habituer à les rencontrer me semble une évidence.

De même, je vous présente la transcription officielle en *pinyin*, que vous pourrez aller approfondir par la suite (je vous en parle en fin de la thématique une). Vous utiliserez je pense de préférence la transcription "à la française" pour commencer, mais là aussi, pour vous perfectionner ensuite le pinyin vous sera plus qu'utile.

Ce guide n'est pas fait pour rester dans une armoire, je l'ai étudié pour que vous puissiez vous perfectionner à chaque relecture.

Ce décorticage est d'autant plus important que vous remarquerez que beaucoup de mots sont constitués d'éléments identiques. Et la compréhension de ces parties est un avantage non négligeable lorsque vous apprendrez un mot nouveau -ou une expression nouvelle- composé d'éléments similaires.

Elles vous permettront de faire des "suppositions éclairées" et de faciliter aussi la suite de votre apprentissage.

Les ressources complémentaires

Je vous présenterai aussi, en fin de thématiques, des ressources complémentaires pour booster vos révisions. Par exemple : où trouver des livres de niveau "grand débutant" en chinois ? Quels films regarder ? Comment booster la mémorisation grâce à la visualisation et à la répétition espacée (ça on en parle tout de suite) ?... Etc.

A chaque problème sa solution...

Si pour vous c'est la mémoire, vous ne serez pas perdu. Ou si c'est la prononciation, là non plus.

Puisque l'on parle de mémoire, vous savez à quel point les révisions fréquentes sont *importantes* pour maîtriser ce kit en 6 semaines.

Important, je me répète.

Et même *LE PLUS important* (et c'est probablement aussi le plus difficile). Il faut en effet garder à l'esprit que le vocabulaire appris hier doit avoir une place plus forte que le vocabulaire appris aujourd'hui.

L'objectif doit toujours être de **transférer vos connaissances acquises sur le court terme vers le long terme**. C'est là qu'interviennent les notions de "répétition espacée" et de "visualisation".

Ces deux petites notions feront l'objet du prochain chapitre, juste avant que l'on rentre ensemble dans le vif du sujet.

Alors, tournez la page, et on y va !

Utilisation du “kit chinois” pour les 6 prochaines semaines.

Ce kit est constitué d’environ 120 termes et expressions. Je vous recommande d’en faire “un petit peu, tous les jours” (principe bien connu de mes étudiants, que je salue en passant).

Cela veut dire entre 2 et 3 termes ou expressions par jour SEULEMENT.

Je dis bien “seulement” car je sais qu’il est difficile parfois de “se retenir” de faire plus. Vous êtes certainement très motivé, et vous avez envie d’avaler le kit d’un coup. Peut-être même pensez-vous que demain vous pourrez tout ressortir. Parce que cette motivation, c’est quasiment divin. On se sent surhumain.

Mais une semaine après, vous aurez tout oublié…

Retenez-vous.

Étudiez ces 2 à 3 phrases quotidiennes, et mettez-les dans votre logiciel (ou cartes papier) de répétition espacée.

La répétition espacée

Répétition espacée? Késako??

Wikipédia nous dit :
“La répétition espacée est une technique d'apprentissage qui consiste à se faire interroger (ou s'auto-interroger) d'autant moins souvent qu'on maîtrise la question.”

Pour faire moins *encyclopédique*, cela veut dire que vous allez tester votre mémoire, et traiter les termes de vocabulaire selon les conditions suivantes :

- Condition 1 : Si vous vous souvenez parfaitement du terme et de sa traduction, vous le mettez alors de côté pour une durée de plus en plus lointaine (1 jour au début, puis 3, puis 7, puis 15, 30, 90 et enfin 180 jours et plus...).

- Condition 2 : Si vous aviez un doute ou que vous avez oublié le terme que vous êtes en train de réviser, alors vous le reverrez dans un futur très proche (quelques heures, 1 jour, 2 jours max), et ce, jusqu'à ce que vous atteigniez la condition C1.

Je vous ai fait une petite vidéo complémentaire pour vous expliquer comment mettre ça en pratique, soit avec des cartes cartonnées et des boîtes (si vous êtes "tradition") soit avec des applications pratiques sur PC et smartphones (si vous vous sentez "geek") telles que Anki.

Retrouvez ça ici :
du-chinois.com/repespacee

La visualisation

Bien que la répétition espacée peut se suffire à elle-même, la visualisation et l'association sont des outils super-méga-efficaces pour aider à mémoriser n'importe quoi de manière extrêmement rapide.

Trêve de superlatifs, voici le concept :

- La visualisation consiste à s'imaginer en train d'utiliser la connaissance que vous êtes en train d'acquérir dans le futur. Ex : imaginer que lorsque vous irez à la banque, vous utiliserez l'expression 取钱, qui signifie « retirer de l'argent »

- L'association consiste à associer une nouvelle connaissance à une ancienne connaissance dans votre cerveau. Vous pouvez même le faire avec des choses qui n'ont aucun rapport. Tout ce dont vous avez besoin, c'est de rapprocher la nouvelle connaissance d'un parcours de neurones déjà bien tracé.

  Ex : associer le terme 麻辣的 (en pinyin *málà de* - signifiant épicé et *engourdissant*[7] -) au terme français « malade ». L'association se créant avec une idée stupide : « on s'en rendrait malade de cette cuisine 麻辣的 du Sichuan!)

Je vous en dis plus sur la visualisation et l'association dans cette petite vidéo, en complément, si vous le souhaitez :

du-chinois.com/visuasso

Et c'est tout ce dont vous avez besoin.

[7] Oui oui, « engourdissant », c'est l'effet que produit le poivre du Sichuan sur la langue lorsqu'on le déguste. Je vous le recommande (vous pouvez en trouver dans n'importe quelle épicerie asiatique) !

BONUS (un de plus) : vous pouvez retrouver tous les termes du kit en MP3, en téléchargement gratuit.

C'est ici :
du-chinois.com/lesmp3

Thématique 1 : le quotidien

« Qui apprend une nouvelle langue acquiert une nouvelle âme. »
– Juan Ramon Jimenez

你好 你好 你好

①

你好。

nǐ hǎo

ni-i ra-ao

tu bien

Bonjour.

②

喂！

wèi

oueille

allo

Allo !

③

再见！

zàijiàn

dzaï tjiène

re voir

Au revoir !

④

太好了！

tài hǎo le

thaï ra-ao le

trop bien [le][8]

Génial !

---

[8] Le 了 (*le*) indique en chinois un changement d'état ou une action complétée. Par exemple si l'on est malade sur le long terme, on dira « 我生病 ». Tandis que si on a un rhume (qui repartira dans 5 jours), il y a effectivement changement d'état : « 我生病了 ».

谢谢。

xièxiè

schié schié

merci merci

Merci.

你好吗？

nǐ hǎo ma

ni-i ra-ao ma

tu bien est-ce que

Tu vas bien ?

我很好，你呢？

wǒ hěn hǎo nǐ ne

wo-o reine ra-ao, ni-i ne

je très bien, toi [rhétorique]

Je vais bien, et toi ?

对不对？

duì bú duì

doué bou doué

correct négation correct

Correct ou pas correct ? Oui ou non ?[9]

[9] Attention : il n'existe pas vraiment de manière de dire « oui » ou « non » en chinois. On reprend généralement le verbe. Si quelqu'un demande « veux-tu manger une pomme », on répondra « vouloir ». Dans certains cas, le terme 对 (*duì*) peut servir d'alternative.

你叫什么？

Nǐ jiào shénme

Ni-i tjiao cheuneme

Tu appeler quoi

Comment tu t'appelles ?

我叫 NOM Prénom。

wǒ jiào **___ _____**

wo-o tjiao ___ _____

Je appeler ___ _____

Je m'appelle ___ _____ .

他/她

tā / tā

ta / ta

Il / elle

Il / Elle

我们 / 你们 / 他们 / 她们

wǒmen / nǐmen / tāmen / tāmen

wo-o meune / ni-i meune / ta meune / ta meune

Je pluriel / Tu pluriel / Il pluriel / Elle pluriel

Nous / Vous / Ils / Elles

13 我不知道。

wǒ bù zhīdào

wo-o bou djeudao

je négation savoir

Je ne sais pas.

14 对不起。

duìbuqǐ

doué bou tschi-i

désolé

Désolé.

15 我不懂。

wǒ bù dǒng

wo-o bou don-ong

je négation comprendre

Je ne comprends pas.

16 很高兴认识你。

hěn gāoxìng rènshi nǐ

reine gaochine jeune cheu ni-i

très heureux connaître toi

Ravi(e) de faire ta connaissance.

小心！

xiăoxīn

schiao schine

attention

Attention !

救命！

jiù mìng

t*jiou mi-ng*

sauver vie

Au secours !

痛

tòng

tong

douleur

Douleur, mal

我不舒服。

wŏ bù shūfu

wo-o bou choufou

je négation confortable

Je ne me sens pas bien.

Intermède : prononciation du chinois

Félicitations, vous avez déjà étudié une semaine de chinois et maîtrisez les formules de base du quotidien. Il vous est possible de vous rendre à la pharmacie en Chine, et de montrer votre tête associée à un « 痛 » *(Tòng)* pour expliquer que vous avez une migraine pas possible à force d'apprendre du chinois.

Bien sûr cela fait un peu « moi Tarzan, toi Jane », mais et alors ? Rappelez-vous la citation de Lao Tseu !

Après cette première étape, c'est la question de la prononciation qui doit être la plus importante dans votre esprit. Je vous propose en bonus une petite formation gratuite que vous retrouverez en ligne ici :

du-chinois.com/prononciation

Cela permettra de corriger les premiers petits défauts, et vous offrira la possibilité d'aller plus loin. Bien évidemment, ce n'est pas obligatoire (et même si c'est gratuit, peut être que c'est le temps qui vous manque). Mais elle vous permettra quand même de vérifier quelques points.

Par exemple, le « w » chinois. Faut il le prononcer comme un V comme dans « walkyrie » ou faut-il le prononcer « ou » comme dans « winchester » ?[10]

Il est aussi temps pour vous de célébrer. La motivation, on en reparlera, est essentielle. N'hésitez pas à marquer le coup à chaque passage de thématique.

Point la peine de payer le resto à tous les potes, mais offrez-vous au moins une petite bière en votre honneur !

Vous le valez bien !

...

C'est bon ? Vous avez bien célébré ? Alors c'est reparti. On attaque la thématique numéro 2 : « Moi, mes proches... »

---

[1]0 La réponse est : « ou »

Thématique 2 : Moi, mes proches

« Chaque langue voit le monde d'une manière différente. »
– Federico FELLINI

19 我是法国人。

wǒ shì fǎguó rén

wo-o cheu fa-a gou-o jeune

je être france personne

Je suis français(e).

21 我住在北京路。

wǒ zhù zài Běijīng lù

wo-o djou dzaï bei tji-ng lou

je habiter à Pékin rue

J'habite rue de Pékin.

22 他住在哪里？

tā zhù zài nǎ li

Ta djou dzaï na-a li

il habiter à où

Où habite-t'il ?

24 我喜欢中国。

wǒ xǐhuān Zhōngguó

wo-o schirouane djong gou-o

je aimer Chine

J'aime la Chine.

他是谁？

tā shì shéi

ta cheu cheille

il être qui

Qui est-il ?

她是我的女朋友。

tā shì wǒ de nǚpéngyou

ta cheu wo-o de nu pengyo

elle être je [possessif] femme ami

Elle est ma petite amie.

我爱我爸爸妈妈。

wǒ ài wǒ bàba māma

wo-o aïe wo-o de baba mama

Je aimer je papa maman

J'aime mes parents.[11]

他是我的同学。

tā shì wǒ de tóngxué

ta cheu wo-o de tong schué

il être je [possessif] camarade de classe

Il est mon camarade de classe.

---

[11] Avec cela, vous pouvez maintenant créer vous même la phrase « je t'aime » : 我爱你 (*wǒ ài nǐ*) ;)

你多大?
nǐ duō dà
Ni-i dou-o da
tu combien grand
Quel âge as-tu ?

28 我二十七岁。
wǒ èr shí qī suì
wo-o aeh cheu tschi soué
je deux dix sept ans
J'ai vingt-sept ans.

29 我和你……
wǒ hé nǐ
wo-o re ni-i
je et tu
Moi et toi...

Contraires

30 [男朋友]
nánpéngyou
nane peng yo
homme ami
Petit ami

Intermède : écriture du chinois et étymologie

Au chapitre précédent, j'évoquais la prononciation. Mais peut-être vous intéressez-vous aussi à l'écrit ?

C'est vrai que les caractères chinois sont mystérieux. Parfois même magnifiques...

Dans ma méthode d'enseignement en ligne, je mets d'ailleurs l'accent dessus. Car en plus d'êtres esthétiques, ils sont une excellente ressource pour comprendre la culture et la façon de penser des Chinois.

L'étude des caractères chinois n'est pas le but premier aujourd'hui, mais puisqu'ils vous intéressent (sinon vous auriez déjà tourné la page), voici un petit lien pour en savoir davantage.

Derrière ce lien je vous explique rapidement pourquoi j'aime l'histoire des caractères chinois, mais aussi comment les écrire (l'ordre traits, par exemple) etc. :

du-chinois.com/ecrire

Cependant, ne partez pas tout de suite dans des études de calligraphie chinoise, il nous reste encore quelques thématiques à découvrir.

Et d'ailleurs, la suivante est ma préférée. C'était ma passion lors de mes premières années à Shanghai : les chiffres (je n'aime pas vraiment les chiffres en soi, mais par contre j'ADORAIS la négociation sur les marchés. La thématique 4 sera d'ailleurs tout autant passionnante!)

Je vous laisse découvrir tout ça...

Thématique 3 : Chiffres, compter

« Celui qui ne connaît pas les langues étrangères ne connaît rien de sa propre langue. »
– Johann Wolfgang von Goethe

31 **我的电话是……**

wǒ de diànhuà shì

wo-o de dièneroua cheu

je [possessif] téléphone être

Mon (numéro de) téléphone est...

32 8 点 40 分

8 diǎn 40 fēn[12]

8 diène 40 feune

8 heure 40 minute

8h40

2015 年 12 月 27 日

2015 nián 12 yuè 27 rì

2015 niène 12 yué 27 jeu

2015 année 12 mois 27 jour

27 décembre 2015

星期四

xīngqī sì

schi-ng tschi seu

semaine 4

jeudi

---

[12] La prononciation de ces chiffres est évoquée juste après. Vous pouvez vous aider des MP3 dans un premier temps pour les découvrir de façon ludique. La manière dont sont construits les nombres sera aussi évoquée durant l'intermède.

星期天

xīngqī tiān

schi-ng tschi tiène

semaine ciel

dimanche

15 块

15 kuài

15 kouaï

15 morceau

15 yuans[13]

今天还是明天？

jīntiān háishi míngtiān

tjine tiène raïcheu mi-ng tiène

aujourd'hui ou bien demain

Aujourd'hui ou demain ?

你什么时候能来？

nǐ shénme shíhou néng lái

ni-i cheuneme cheuro-ou ne-ng laï

tu quel moment pouvoir venir

Quand peux-tu venir ?

---

[13] Monnaie chinoise. Ici 块 (*kuài*) signifie en fait « morceau », c'est une manière très orale d'évoquer l'argent. Un peu comme nous autres francophones parlerions de *flouz*, de *blé* ou autres *kopecs*, mais en encore plus présent dans la culture du quotidien.

〇 (零)
líng
li-ng
zéro
0

一
yī
yi
un
1

二
èr
aeh
deux
2

三
sān
sane
trois
3

四

sì

seu

quatre

4

五

wŭ

wou-ou

cinq

5

六

liù

liou

six

6

七

qī

tschi

sept

7

八

bā

ba

huit

8

九

jiŭ

t*jiou*

neuf

9

十

shí

cheu

dix

10

百

băi

baille

centaine

centaine (100 : 一百)

千

qiān

tschiène

millier

millier (1000 : 一千)

Intermède : date, heure et chiffres en chinois

Vous avez pu voir cette semaine quelques exemples de dates, d'heures et de chiffres en chinois. Vous avez déjà tout le vocabulaire nécessaire pour créer toutes les dates et heures possible (et nombres de 1 à 9999). Cependant, et pour éviter toute erreur, je vous ai préparé un petit cours pour aller plus loin.

Comme chaque fois, c'est facultatif, c'est bonus, et c'est derrière ce lien :

du-chinois.com/chiffres

Maintenant que vous êtes calé sur le sujet, rien de tel que de mettre en pratique au quotidien. Je vous annonçais les achats et la négociation, c'est à la page suivante ! →

Thématique 4 : Resto, achats

« Changez votre langue et vous changerez vos pensées »
– Karl Albrecht

这个

zhè ge

djeu geuh

ici [cl gal][14]

Ceci / celui-ci

那个

nà ge

na geuh

là [cl gal]

Cela / celui-là

请给我那个东西。

qĭng gĕi wŏ nà ge dōngxī

tschi-ng gueille wo-o na ge dongue schi

svp donner moi celui-là chose

Donnez-moi cette chose là, s'il vous plaît.

多少钱？

duōshăo qián

dou-o chao tschiène

combien argent

Combien (ça) coûte ?

---

14 [cl gal] signifiant « classificateur général », pour en savoir plus sur ce qu'est un « classificateur » et à quoi ils peuvent bien servir : **du-chinois.com/classificateurs**

有水吗？

yǒu shuǐ ma

yo-o choué-é ma

avoir eau est-ce que

Est-ce qu'il y a de l'eau ?

我不吃(狗)肉

wǒ bù chī (gǒu) ròu

wo-o bou tcheu (go-ou) jo-ou

je négation manger (chien) viande

Je ne mange pas de viande (de chien)[15]

你要几个？

nǐ yào jǐ ge

ni-i yao tji geuh

tu vouloir combien [cl gal]

Tu en veux combien ?

请，我要一杯茶。

qǐng, wǒ yào yì bēi chá

tschi-ng, wo-o yao yi beille tcha

svp, je vouloir un verre thé

Je voudrais un verre de thé, s'il vous plait.

---

[1]5 Un peu (très ?) cliché, mais je sais que cette phrase me serait demandée autrement.

便宜一点，好不好？
piányi yì diǎn hǎo bù hǎo
piène-yi yi diène ra-ao bou ra-ao
bon marché un peu, bien négation bien
Un peu moins cher, c'est d'accord ?

太贵了！
tài guì le
thaï goué le
trop cher [état]
C'est trop cher !

洗手间在哪里？
xǐshǒujiān zài nǎlǐ
schi cho-ou tjiène dzaï na-a li-i
laver les mains pièce à où ?
Où sont les toilettes ?

买单！
mǎi dān
ma-aïe dane
acheter liste
L'addition !

有没有……？

yǒu méi yǒu

yo-o meille yo-o

avoir ne pas avoir

Y a t'il... ? (Avez-vous... ?)

发票

fā piào

fa piao

facture

Facture

咖啡

kāfēi

ka feille

café

Café

看

kàn

kane

regarder

Regarder

两个，三个[16]

liǎng gè, sān gè

liangue geuh, sane geuh

deux [cl gal], trois [cl gal]

Deux (unités), trois (unités)

大

dà

da

volumineux

Grand

多

duō

dou-o

beaucoup

Beaucoup

冷

lěng

leu-eung

froid

Froid, frais

---

16 On remarquera que le chiffre 2 change lorsque l'on compte une quantité (2 personnes, 2 tomates, 2 fois...). A la place de 二 (*èr*) on utilisera 两 (*liǎng*). Vous aurez l'occasion de revenir sur cette spécificité plus loin dans votre apprentissage du chinois.

冰

bīng

bi-ng

glace

Glace, glacé

Contraires

[小]

xiăo

schiao

petit

Petit

[热]

rè

jeu

chaud

Chaud

Intermède : Dessins animés / livres débutants / publicités

La lecture permet de revoir le vocabulaire appris, et surtout de voir les termes et expressions dans de nouvelles phrases, de nouveaux contextes. Il existe des livres spécifiquement conçus pour les apprenants en langues, qui sont présentés de manière évolutive.

Recherchez ceux pour le chinois, ou trouvez mes recommandations directement sur cette page :

du-chinois.com/livrefilm

Une autre bonne source de pratique que j'utilise au niveau débutant, c'est les dessins-animés. Je vous en recommande quelques-uns dans le même lien.

Après une petite pause détente lecture/télé, on continue ensemble dans le chapitre suivant : prenons le taxi (c'est pas cher en Chine!) et direction l'hôtel...

Thématique 5 : Taxi, urgences

« Si vous parlez à un homme dans une langue qu'il comprend, cela va à sa tête. Si vous lui parlez dans sa langue, cela lui va droit au cœur... »
– Nelson Mandela

出租车

chūzū chē

tchoudzou tcheu

location véhicule

Taxi

打车

dǎ chē

da-a tcheu

frapper véhicule[17]

Prendre/appeler un taxi

她生病了，她要去医院。

tā shēngbìng le, tā yào qù yīyuàn

ta cheungbi-ng le, ta yao tschu yiyuène

elle malade [état], elle vouloir/[futur] aller hôpital

Elle est malade, elle voudrait aller à l'hôpital.

怎么去……？

zěnme qù...

dzeuneme tschu

comment aller

Comment aller (à)... ?

---

[1]7 On ne « frappe » pas vraiment un taxi, mais en Chine on tend plutôt le bras pour le héler... C'est ce mouvement qui a du donner naissance à cette expression...

去……，谢谢！
qù..., xièxie !
tschu..., schié schié
Aller..., merci merci
(je vais) à..., merci !

火车站
huǒchē zhàn
rou-o tcheu djane
train station
Gare ferroviaire

飞机场
fēijī chǎng
feille tji tchang
avion terrain
Aéroport

回家
huí jiā
rou-i tjia
rentrer maison
Rentrer à la maison

你在哪里？
nǐ zài nǎlǐ
ni-i dzaï na-a li-i
tu à où
Où es-tu ?

他不在饭店。
tā bù zài fàndiàn
ta bou dzaï fanediène
Il négation à restaurant
Il n'est pas au restaurant.

前面
qiánmiàn
tschiène miène
avant face
Devant

往左。
wǎng zuǒ
wang dzou-o
vers gauche
(tourner) vers la gauche.

到了。

dào le

dao le

présent [état]

Arrivé, présent.[18]

网吧（上网）

wăng bā (shàng wăng)

wangue ba (changue wangue)

réseau bar (sur réseau)

Cybercafé (surfer sur Internet)

这边

zhè biān

djeu biène

ici côté

(de) ce côté ci

那边

nà biān

na biène

là côté

(de) ce côté là

---

[1]8 Expression bien pratique pour indiquer au chauffeur de taxi qu'il peut s'arrêter : « c'est ici, on est arrivés ! »

银行（取钱）

yínháng (qŭ qián)

Ine rangue (tschu tschiène)

banque (retirer argent)

Banque (retirer de l'argent)

超市

chāoshì

tchao cheu

super marché

Supermarché

我迷路了。

wŏ mílù le

wo-o milou le

je perdre route [état]

Je suis perdu(e).

公园

gōngyuán

gong yuène

public parc

Parc

酒店
jiŭdiàn
tjiou diène
alcool échoppe
Hôtel

标准房多少钱？
biāozhŭn fáng duōshăo qián
biao djoune fangue dou-o chao tschiène
standard chambre combien argent
Combien coûte une chambre standard ?

Contraires

[后面]
hòumian
ro-ou miène
arrière face
Derrière

[右]
yòu
yo-ou
droite
Droite

Intermède : les moyens de transport en Chine

Le moyen de transport le moins cher en ville en Chine, c'est le bus. Mais malheureusement, tout est en chinois. Il sera bien plus facile de se rabattre sur le métro, et le taxi.

Ce dernier est *nettement* moins cher qu'en France.

Pour voyager à l'intérieur du pays, il y a l'avion (compter 50 à 200 euros pour un vol) ou le train (compter 30 à 80 euros pour une longue distance). Je vous recommande l'expérience du train, ne serait-ce que pour le côté pittoresque (29h de train entre Xiamen et Shanghai, à regarder les paysages et parler avec les *vieux* du compartiment d'à côté, ça n'a pas de prix!)

Je vous en dis davantage sur mon expérience des transports en Chine ici :

du-chinois.com/transport

Après tout ce voyage ensemble, il va d'ailleurs être temps de se dire *au revoir*, on termine ensemble la thématique 6, et je vous expliquerai ensuite comment poursuivre votre apprentissage...

Thématique 6 : Pour aller plus loin

« Apprendre une langue, c'est avoir une fenêtre de plus de laquelle regarder le monde. »

"学一门语言，就是多一个观察世界的窗户。"

– Proverbe chinois

你会说英语吗？
nǐ huì shuō yīngyǔ ma
ni-i roui chou-o yi-ng yu-u ma
tu savoir parler anglais est-ce que
Est-ce que tu sais parler anglais ?

在药店买药
zài yàodiàn mǎi yào
dzaï yaodiène ma-aille yao
à pharmacie acheter médicament
Acheter des médicaments à la pharmacie

吐
tù
tou
vomir
Vomir

拉肚子
lā dùzi
la dou dzeu
tirer ventre
La diarrhée

发烧
fāshāo
fa chao
fièvre
Fièvre

这是我的护照。
zhè shì wǒ de hùzhào
djeu cheu wo-o de roudjao
ici être mon [possessif] passeport
Voici mon passeport.

我不是学生。
wǒ bú shì xuésheng
wo-o bou cheu schué cheng
je négation être étudiant
Je ne suis pas (un) étudiant.

她的工作是老师。
tā de gōngzuò shì lǎoshī
ta de gong dzou-o cheu laocheu
Elle [possessif] travail être professeur
Son job est professeur.

我喜欢学汉语。

wǒ xǐhuān xué hànyǔ

wo-o schirouane schué rane yu-u

je aimer étudier chinois

J'aime apprendre le chinois.

你做什么工作？

- 我是工程师。

nǐ zuò shénme gōngzuò

- wǒ shì gōngchéngshī

ni-i dzou-o cheuneme gong dzou-o

- wo-o cheu gong tchengue cheu

tu faire quel travail

- Je être ingénieur

Quel métier exerces-tu ?

- Je suis ingénieur.

他是医生吗？

tā shì yīshēng ma

Ta cheu yicheungue ma

il être docteur est-ce que

Est-ce-qu'il est médecin ?

Conclusion : est-ce vraiment la fin ?

Et voilà, vous avez 120 termes et expressions dans la tête, que vous n'oublierez plus jamais pour autant que vous pratiquiez la répétition espacée...

Vous avez aussi, sans le savoir, acquis des bases et des automatismes sur la construction des phrases et les termes de vocabulaire de base (et encore plus si vous avez mis en pratique l'intermède de la thématique 4 sur la lecture et les médias...)

Ce dont vous avez besoin désormais, c'est de continuer sur votre élan. Et de rester focalisé sur votre motivation.

Est-ce que ce qui vous intéresse était d'avoir des bases dans une nouvelle langue ? Ou était-ce spécifiquement le chinois que vous souhaitez désormais approfondir ?

Si c'est « avoir des bases dans toutes les langues possibles » qui vous intéresse, alors allez découvrir les kits CRAMPE des autres langues dès maintenant, c'est juste ici :

du-chinois.com/tousleskits

A l'heure où ce kit est rédigé, seul le chinois est sorti. Mais les autres suivront très (très très) rapidement, vous retrouverez sur la page « Tous Les Kits » un lien pour être informé dès la sortie d'un nouveau kit.

Si c'est le chinois spécifiquement qui vous intéresse, il faut désormais vous trouver une bonne méthode. Une bonne méthode pour l'un n'est pas forcément une bonne méthode pour l'autre. Je ne vais pas forcément vous inviter à vous inscrire à la méthode CRAMPE. Non seulement parce que les places sont quasiment complètes tous les mois, mais en plus parce que ce ne serait pas modeste de ma part de ne faire que ma pub.

Je peux cependant vous dire ce que je pense de la méthode « idéale », et vous inviter à en choisir une correspondante :

L'élément principal, selon moi, d'une bonne méthode de langue, c'est une langue qui vous garde motivé. Avec un enseignant qui sais vous garder motivé.

En effet, peu importe la qualité de l'enseignant sur le plan administratif. Peu importe ses diplômes, si il vous déprime et vous démotive, VOTRE succès ne sera pas au rendez-vous.

Cherchez une méthode basée sur les astuces, et non uniquement sur le par-cœur. Et si il y a du par-cœur, cherchez une méthode qui vous donne des astuces pour booster votre par-cœur ! J'ai évoqué avec vous la répétition espacée, l'association, la visualisation...

Si rien de tout cela n'est évoqué, et qu'on vous invite simplement à vous débrouiller, sans s'inquiéter de votre succès ni de vos résultats... alors ce n'est pas une bonne méthode.

Et pour finir, recherchez une méthode basée sur la fréquence des mots. En chinois, ce serait une méthode qui vous amènerait rapidement au niveau HSK4 dans un premier temps. Le HSK4, c'est 1200 mots (seulement!) qui permettent de se débrouiller dans toutes les situations de la vie courante en Chine.

Oui, 1200 mots seulement suffisent -et ce dans TOUTES les langues- pour se débrouiller au quotidien dans la langue cible.

Alors si l'on vous promet « 6000 mots en 6 mois », fuyez. Si on vous dit par contre « Apprenez les 1200 mots les plus courants en chinois en 1 an et demi », prenez le temps d'étudier ce que la méthode a à vous proposer.

Et c'est tout.

Vous n'avez pas besoin de plus...

Alors avant de passer à la section « remerciements » et autres « sources », que vous ne lirez certainement pas (pourtant j'ai mis plein de trucs intéressants dedans !)...

Eh bien je vous souhaite un excellent apprentissage du chinois, et tout le succès que vous méritez dans vos prochains projets de découverte de nouvelles langues !

再见! (*Zàijiàn!*)

Sources, compléments

- L'article d'Anne Merritt évoquant les recherches du Docteur Norbert Schmitt sur le concept des 10% / 120 termes pour « se faire » à une langue :

du-chinois.com/telegraph

- Mon blog dédié au chinois, où été initialement publiée la « fiche pratique » sur le concept du kit :

du-chinois.com

- Beaucoup de vocabulaire de ce kit est directement extrait du niveau 1 de la méthode CRAMPE, méthode que j'ai conçue pour apprendre le chinois en ligne, basé sur de la vidéo. Je vous explique en vidéo le concept ici :

du-chinois.com/4videos

Note importante : la « transcription *à la française* » de ce kit est totalement personnelle, bien que basée sur mon guide de prononciation (cf. intermède de la thématique 1), elle ne doit être considérée que comme telle : une aide pour les débutants.

Je recommande aussi les ressources suivantes :

- Le livre *L'idiot chinois*, de Kyril Ryjik, que m'avait fait découvrir Cyrille Javary (que je salue en passant). Kyril Ryjik explique d'ailleurs très bien, dans son ouvrage, la mise en place de la répétition espacée sur des cartes papier.

- Et le logiciel Anki, pour la répétition espacée sur des outils modernes tels que l'ordinateur, la tablette et le smartphone.

Remerciements

Je remercie du fond du cœur tous les passionnés, lecteurs ou non des mes blogs. C'est VOUS qui m'avez donné la motivation du quotidien, nécessaire pour toutes les productions que j'ai réalisé ces dernières années.

J'en profite pour saluer tous les membres de la *Méthode CRAMPE pour apprendre le chinois*, notamment Quentin, Olivier, Pascaline, Néry et Rémi...

Avec une petite mention spéciale pour Ludovic, que je remercie pour son partage du fichier « résumé du niveau 1 de la méthode CRAMPE », qui m'a bien aidé dans le choix des phrases de ce kit...

Merci aussi à Martin, Sylvain, Victor et Yoni pour leurs critiques et conseils. Et à Jane et Mireille, mes assistantes, pour m'avoir permis de me concentrer à 100% sur la création de ce kit.

Sans oublier bien sûr Yuan, ma vénérable épouse. Et une petite dédicace à mon fils Louis, qui n'a cessé de faire les bêtises que tout enfant de 4 ans ferait dans le bureau d'un papa qui essaie de se concentrer pour rédiger un petit bouquin...

Et à tous ceux que j'aurai oubliés.
Si il y en a, envoyez-moi un message et je mettrai à jour.

Sans rancune!

Me contacter

Si vous souhaitez me contacter au sujet du livre, apporter un témoignage, une idée ou une amélioration : **cedric@du-chinois.com**

Si vous avez détesté, que vous avez trouvé ça complètement nul et qu'en plus vous n'avez pas mis en pratique, ou que vous souhaitez simplement envoyer des insultes gratuites :
neserapaslu@du-chinois.com

Vous souhaitant tout plein de succès dans votre apprentissage du chinois !
– Cédric Beau

7149583R00050

Printed in Germany
by Amazon Distribution
GmbH, Leipzig